山西国宝精华

三晋出版社编

崇庆寺宋塑十八罗汉

THE GREAT SONG SCULPTURES OF EIGHTEEN ARHATS IN CHONGQING TEMPLE

山西出版传媒集团 三晋出版社

图书在版编目（CIP）数据

崇庆寺宋塑十八罗汉 / 三晋出版社编; 厉晋春摄影 .
——太原: 三晋出版社, 2020.1
（山西国宝精华）
ISBN 978-7-5457-2043-3

Ⅰ. ①崇… Ⅱ. ①三…②厉… Ⅲ. ①十八罗汉—造像
—长治—宋代—图集 Ⅳ. ① K879.32

中国版本图书馆 CIP 数据核字（2020）第 022975 号

崇庆寺宋塑十八罗汉

编者: 三晋出版社　　策划: 莫晓东
摄影: 厉晋春　　责任编辑: 张婷
撰文: 张宇飞　　责任印制: 李佳音
翻译: 叶南　　装帧设计: 喜舍文化艺术

出版者: 山西出版传媒集团　三晋出版社（山西古籍出版社有限责任公司）
地址: 太原市建设南路 21 号
电话: 0351-4956036（总编室）　0351-4922203（印制部）
网址: http://www.sjcbs.cn

经销者: 新华书店　　承印者: 北京雅昌艺术印刷有限公司

开本: 787mm×1092mm　1/8
印张: 4.75
字数: 80 千字
版次: 2020 年 11 月　第 1 版
印次: 2020 年 11 月　第 1 次印刷
书号: ISBN 978-7-5457-2043-3
定价: 198.00 元

崇庆寺位于山西省长治市长子县东南，始建于宋大中祥符九年（1016）。寺内的十八罗汉彩塑造像创作于北宋元丰二年(1079)，是现存最早的十八罗汉造像，被誉为“中国宋塑皇冠上的一颗璀璨明珠”。

罗汉造像的黄金时期是宋及宋之后。王鲁湘在《筇竹寺》一文中说：“大概从五代起，僧俗间开始好画罗汉之像。佛的一本正经，菩萨的娇美妩媚，已不再能激发僧人和文人的兴趣，他们更喜欢那些怪诞不经、行事荒唐、不修边幅、疯癫丑陋的罗汉，这种阳刚之丑似乎更惬意他们的审美时尚。”崇庆寺的十八罗汉像，非常精准地体现了宋代彩塑造像艺术的这一时代气质与风骨。

这组罗汉像不仅整体气韵连贯畅通，而且细节的精微刻画准确传神。所有人物，无论老、中、青僧人形象，还是梵僧、汉僧，姿态无一雷同，神态生动自然。近观诸手，长短薄厚各具特色；中观体量，高矮胖瘦与手型彼此呼应；远观诸像，动静收放统一在共同的艺术氛围中，尽显人文气与书卷气。

罗汉造像的至高追求，不仅要外形刻画得准确，更要求作品渗透“神性”，于平凡人的躯体中，经由艺术的升华，传达超凡入圣的光辉。崇庆寺十八罗汉即是如此。他们源自生活，却又气貌高古，超于生活；来自人间，却又超凡脱俗，高于尘世。每一细节间透露出的“怪”，更多地保留着普通人的喜怒哀乐，贴近普通人的情感世界的同时，又超越了生活，通过由奇至平、由静而动、由儒入道的层层深入，直击人心，达到唤醒人性的目的，是优秀的工匠将技艺运用于信仰与灵魂的结果。

Southeast of Zhangzi County of Changzhi City, Shanxi Province lies the renowned Chongqing Temple, first established in the Ninth Year of Dazhong Xiangfu Reign, Northern Song Dynasty (1016 CE), which today is widely known for the earliest extant Eighteen Arhats Sculpture in China – created in the Second Year of Yuanfeng Reign (1079 CE) - a precious collection of the Song Dynasty Buddhist art.

The golden age for arhat sculpture is Song Dynasty and thereafter. As writer Wang Luxiang noted, "Probably since the period of Five Dynasties the image of Arhat began to gain popularity among monks and laymen alike. Buddha was seen as being too serious and Bodhisattva more and more feminine, whereas the grotesque and strange images of arhats seemed to have greatly aroused the interests of monks and scholars, who seemed to have no difficulty fitting their aesthetics upon this new fashion of images." The Eighteen Arhats Statues in Chongqing Temple represent quite precisely the style and charm of the Buddhist art of this period.

The set of statues is not only an artistically integral group but also excelling in details of characterization. Every individual arhat, be it younger, older or mid-aged, Indian, Chinese, or from Inner Asia, none has the same kind of gesture or expression, and each exudes a naturalistic beauty of a living person. At close distance, one can observe the various types of hand in beautiful gesture that is a mudra; stepping back a little, one can appreciate the rhythmic differentiation of the physiques; and at further distance one would eventually feel immersed in an aura of both meditative and artistic, cultural and religious.

The ideal image of an arhat is both accurate in forms and "true" in spirit. It's the embodiment of the Buddhist sacredness in a human body through artistic elevation. The Chongqing Temple Arhats are exactly of such kind. They come from real life and go beyond, from ancient northern China and into the pure land of Buddha. The grotesque details at first glance merely seem to be a reflection of ordinary people's emotional world, but a philosophical rumination could help transcend beyond the surface, diving deep under to call up the "true face" of one's inner self, and then only with the help of a true master of craftsmanship could this talk between art and soul manifest itself in the clay sculpture as we behold here before our own eyes.

崇庆寺宋塑十八罗汉分布示意图

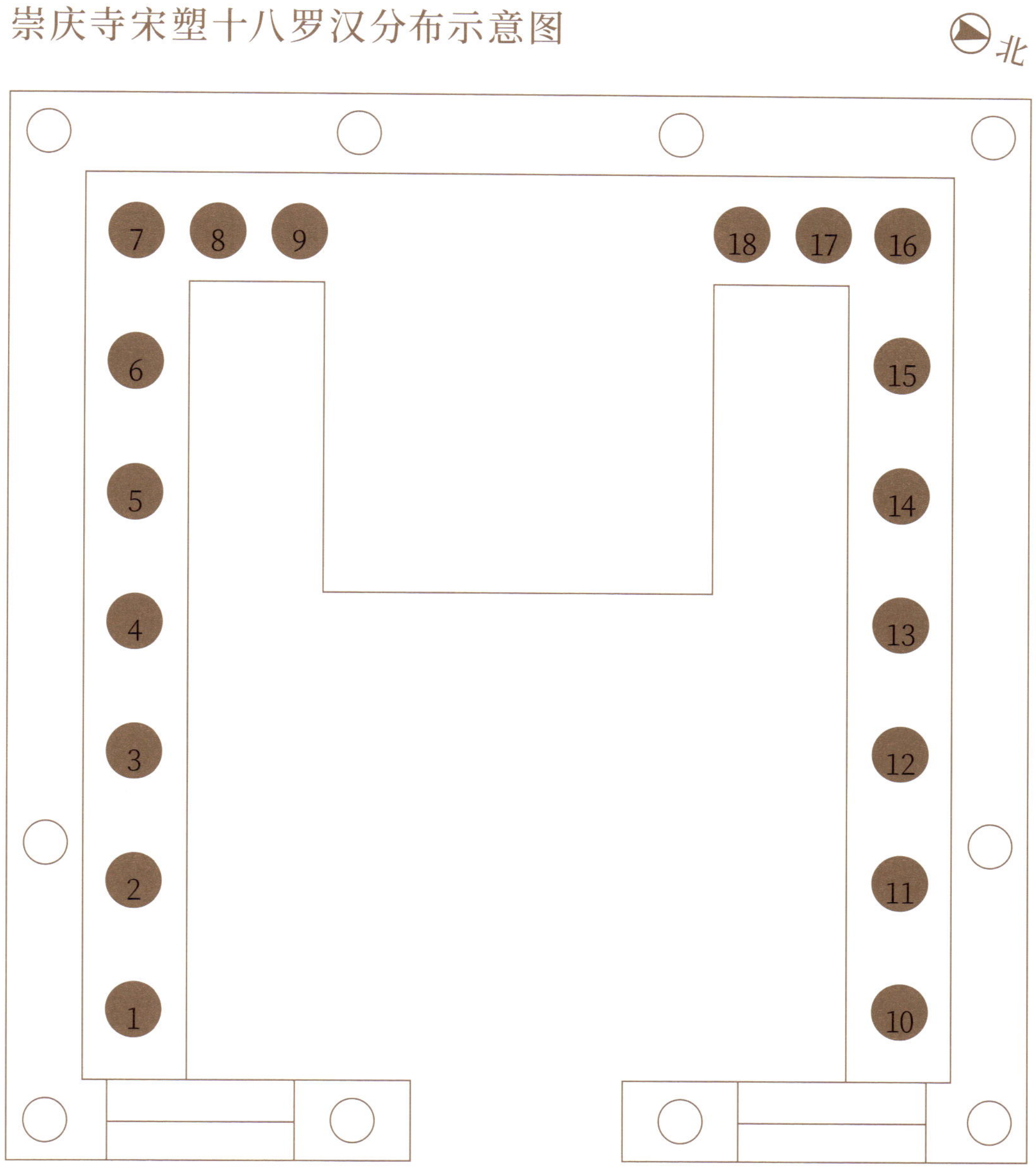

1. 南次间东起第一尊：看门罗汉
2. 南次间东起第二尊：伏虎罗汉
3. 南次间东起第三尊：捧经罗汉
4. 南次间东起第四尊：贝叶罗汉
5. 南次间东起第五尊：参禅罗汉
6. 南次间东起第六尊：说法罗汉
7. 南次间东起第七尊：抗辩罗汉
8. 南次间东起第八尊：聆听罗汉
9. 南次间东起第九尊：般若罗汉

10. 北次间东起第一尊：托塔罗汉
11. 北次间东起第二尊：降龙罗汉
12. 北次间东起第三尊：沉思罗汉
13. 北次间东起第四尊：持蟾罗汉
14. 北次间东起第五尊：踏狮罗汉
15. 北次间东起第六尊：振铎罗汉
16. 北次间东起第七尊：知止罗汉
17. 北次间东起第八尊：持炉罗汉
18. 北次间东起第九尊：布袋罗汉

看门罗汉

内省与觉悟

南次间东起第一尊是看门罗汉，看门罗汉是阿难尊者的俗称。阿难尊者有两个身份标志：一是佛门多闻第一，博闻多识；二是贵族子弟，斛饭王的王子，也是释迦牟尼佛的堂弟。据说他在三叶窟“五百罗汉结集”时最后一位通过印证进入会场，离门最近，因此被称为看门罗汉。

看门罗汉一腿踞坐，左腿轻垂，右腿高抬，左手抚膝，右臂顺势搭在膝盖上，上身微微后仰，呈现出优雅、闲适的贵族气息，那种舒展利落的姿态、透脱自在的心境和潇洒物外的志趣，都充分地显现了出来。眉梢微微上翘，内眼角轻轻下垂，凤目细长而上挑，专注严肃却也孤傲的神情从细目中透射出来，镇定，有力，传达出他对信仰的坚定和对真理的把握。面前的阿难尊者，淡定、从容、优雅的气质与宋代的人文气息高度契合、浑然一体。观者视之，扑面感受到的是他那温文谦忍的性格，让人如沐春风。

由“看门罗汉”，我们很真实地体会到了宋代“由外而内”的审美趣味的转变。

Doorman Arhat: meditation and awakening

First from the east, south side bay

伏虎罗汉

借虎以度人

南次间东起第二尊是伏虎罗汉，是一个骨相清奇的老者形象。

伏虎罗汉内穿直裰交领长衫，外披田相衣，倚坐于山石之上。左腿内收，右脚前伸，身体顺势向右斜倚，右臂斜伸向下，食指轻指座底右侧抬头上望的小老虎。老罗汉的神态与整个身体的动势与昂头上视的小老虎形成有机的呼应与互动。

老虎温顺乖巧，甚至有一点天然的萌态，全然没有了吃人猛兽的凶残与暴戾。在老罗汉眼神的引导下，观者会自觉不自觉地被这只宠物般的小老虎吸引。当不由自主地走到小老虎前，顺着小老虎向上的目光抬眼时，才发现老罗汉正关切而专注地看着你，眼神悲悯而严肃，似乎在说：凶残暴戾的老虎都可以被感化而觉悟生命，你还迟疑什么！——罗汉之意不在虎，在乎借虎以度人。

罗汉与老虎的交流，体现了一种悲天悯人，对众生万物的大关怀。雕塑家对于整体动势的把握与精微细节的捕捉，将这种关怀精准地传达了出来。

Tiger-subduing Arhat: salvation with tiger

Second from the east, south side bay

捧经罗汉

文化的传播

南次间东起第三尊是一个高鼻深目、肤色棕红的梵僧形象，他双手捧帛书经卷，腰身挺直，两膝打开，端坐于须弥座上，目光炯炯地凝视着前方，作与人交流状。我们暂且称他为“捧经罗汉”。

在纸出现之前，中国的文字主要书写在竹简木牍上。只有比较珍贵的文字才会书写在白色的布帛上，这种写在绢帛上的书体就叫帛书。而在古印度，他们用一种笔尖纤细的铁笔在经过防腐整平处理的贝多罗（梵文Pattra）树叶上刻写文字，然后在划痕里填上红色或黑色的矿物涂料。这种写在贝叶上的佛经就叫贝叶经，当年唐玄奘取回来的佛经应该就是贝叶经。梵僧手捧中国的帛书，表达的是真理无国界，文化的差异可以在沟通与交流中融合吸收。

Sutra Arhat: Cultural Exchange

Third from the east, south side bay

贝叶罗汉

思想的碰撞

南次间东起第四尊是贝叶罗汉，是一个丰满圆润、眉目清秀的中年汉僧形象。

贝叶罗汉右手轻抬作握笔状，左手托贝叶置于盘起的左膝之上，双目半睁，微含笑意，作思索询问状。在古印度，人们将文字刻在经过防腐平整处理的贝多罗树叶上，这种写在贝叶上的佛经就叫贝叶经。

捧经罗汉和贝叶罗汉一位手捧帛书，一位手托贝叶，真诚的神情、谦逊的身姿，将相互交流的氛围烘托得自然而得体。

雕塑家将两位罗汉放在一起，匠意清晰：汉地的僧人拿着来自印度的贝叶经，印度的梵僧拿着中国的帛书，他们在进行文化的传播、思想的交流！

Pattra-leaf Arhat: Encountering Thoughts

Fourth from the east, south side bay

参禅罗汉

领悟

南次间东起第五尊是参禅罗汉，是一个面容清瘦、骨骼嶙峋的老者形象。

参禅罗汉清瘦的面庞布满了绵密的皱纹，裸露的胸脯上根根肋骨清晰可见，他两个大拇指相对，左手叠于右手之上，双手置于腹前，以禅定印的手势跏趺端坐于须弥座上。罗汉眼睛半闭，亮眸定定地看着地面，专注、投入，又似苦苦思索。而嘴角却微微翘起，若抿若启的双唇露出一丝不易觉察的笑意，由嘴角外如水纹一样的肌肤荡漾开去，一圈一圈，那一定是他突然心有所悟而露出的会心微笑。

Meditating Arhat: Learning from Inside

Fifth from the east, south side bay

说法罗汉

弘道

南次间东起第六尊是说法罗汉，是唯一一个露齿含笑的罗汉形象。

说法罗汉右腿盘屈，左腿跷起，左臂架于膝上，动作闲适洒脱。拔腰、倾身、微微昂首，神态自信从容。提睛、露齿、笑意微含，形神俱妙、栩栩如生。

垂搭在膝盖上的左手大拇指和中指作环状，如果举起来，就是释迦牟尼佛特别有名的一个手势——说法印。很明显，这尊罗汉似在对着面前的众人讲经说法，那自信的表情、侃侃而谈的风度，吸引着观者驻足倾听。

Preaching Arhat: Spreading the Dharma

Sixth from the east, south side bay

抗辩罗汉

真理愈辩愈明

南次间东起第七尊是抗辩罗汉，是一个五官夸张的中年梵僧形象。

五官夸张到了什么程度？赤面、黑须、浓眉、虬髯；身量魁伟，体格健壮；龇牙咧嘴，瞠目梗脖，睥睨怒视；脖筋暴起，肌肉紧绷；前胸袒露，气势饱满；左肘下摁，右臂半抬；拔腰耸肩，气势逼人。完全一副激昂愤慨的抗辩状。

用钱绍武先生的话说，这尊罗汉眼神很怪，怪里边另有神采。也正是这种大胆出奇的表现形式，将人物不可遏制的愤激之情、溢于言表的愕然之态、慷慨激昂的抗辩之状精准地传达出来了。

Arguing Arhat: Searching for Truth

Seventh from the east, south side bay

聆听罗汉
沉默是金

南次间东起第八尊聆听罗汉，是一个俊朗丰润的青年汉僧形象。

聆听罗汉倚坐于山石座上，右腿轻垂于座前，足尖点地，左脚半踏在座上，膝盖半斜向外，仪态优雅得体。他的五官俊秀，面庞圆润，眉梢轻挑，眼角上提，元宝耳支棱着，在微含笑意的仰月口双唇的情绪传达之下，一副静静聆听、不轻易开口的形象凸显出来。

聆听罗汉双手手背相抵，抬于方寸之间。从观者的角度看去，十指绵软细长，指甲圆润秀美，这分明就是一双女性化的灵巧的手嘛！女子细腻敏感，更能见微知著，更能通过细节感悟到微言大义，于是，这双被注入了特殊含义的手，从细节上彰显了“聆听罗汉”的精妙。

雕塑者的匠心独运，在三尊罗汉的相互呼应中完美体现。侃侃而谈的讲法罗汉、咄咄逼人的抗辩罗汉、静心聆听的聆听罗汉，一个在说，一个在辩，一个在听，修行的时光原来是如此多元丰富！

Listening Arhat: Silence is Golden

Eighth from the east, south side bay

般若罗汉
觉悟生命的真谛

南次间东起第九尊是般若罗汉，是一个神态安详的中青年形象。

般若罗汉双手置于腹前，结跏趺坐于台座之上。整个身体松弛自然，一副安然自若、智慧超脱的模样。同东起第五尊参禅罗汉一样，第九尊“般若罗汉”也双手置于腹前结跏趺坐于台座之上。不同的是，参禅罗汉是一副废寝忘食、形销骨立、苦苦求索的模样，般若罗汉却是神态安详，从容自若，自然超脱。

佛家讲戒、定、慧，参禅罗汉瘦骨嶙峋的体形表达的是对清规戒律的坚守、对欲望的约束，而般若罗汉所要表达的正是洞彻生命本质、领悟生命真谛之后的大智慧境界。

Prajna Arhat: Nature of Life

Ninth from the east, south side bay

托塔罗汉

信仰如山岳

北次间东起第一尊是托塔罗汉（苏频陀尊者），是一个面庞丰润、坚毅沉着的老者形象（此像左掌中原托有一塔，今不存）。

托塔罗汉右腿盘曲，左腿跷起，散坐于束腰须弥座上，左肘上拄膝头，手掌平托于体侧，作托举佛塔状。右手下抚于膝，下巴微微上扬，鼻梁高高隆起，目光平视远方。他虽然长着老寿星一样的大额头、长眉毛，但目光淡定从容、神采奕奕，是一位寿眉童颜、面容丰润的另类老僧形象，沉着而优雅的仪态里洋溢着自信的气息。具象而生动地诠释出经佛陀点化后，终于穿越迷茫，找到信仰，生命再次焕发青春光彩时的状态。雕塑家把他放在阿难的对面，有什么寓意呢？阿难尊者博闻强记，多闻第一，是“学”的标兵。苏频陀尊者一经点拨，便豁然开朗，是“悟”的典范。所以，这种摆放方式是在提示我们学习与修行，要“学”“悟”并重，缺一不可。

Pagoda-raising Arhat: Towering Faith

First from the east, north side bay

降龙罗汉

行道如流水

北次间东起第二尊是降龙罗汉，是一个体形健硕的中年梵僧形象。

降龙罗汉浓眉虬髯，额骨突起，深目环眼，弓鼻若钩，咬唇拧眉，睥睨上视。他右手捏龙珠，随侧扭的体势空抱腹前，作招引状；左肘后撤，手平托于龙珠下，作护持状。腰扭胸挺，两腿打开，屁股后撅，臀部牢牢地贴坐于山石座上。袈裟上的衣褶密集而柔软，如流水般随人体盘绕、流动，汇聚在腰胯与两腿间。与安然静坐于旁边的托塔罗汉一对照，那份动感十足地表现了出来。

顺着他睥睨上视的眼神寻去，在金柱与梁枋交接的地方，一条轻盈飘逸的飞龙正游弋于五彩祥云间。怎么，龙还没有被降伏么？只有满怀胜利在握的自信，才会如此从容不迫吧。

Dragon-taming Arhat: Following the Way

Second from the east, north side bay

沉思罗汉

心能转境

北次间东起第三尊是沉思罗汉，是唯一的一个少年僧人形象。

沉思罗汉结跏趺坐于方形须弥座上，双手藏于笼置在腹前的宽大袍袖内。他的面孔圆润稚气，双目微闭，嘴唇微抿。与之对视，观者分明感受到了微微的笑意，却无法捕捉到面部表情的变化。聪慧灵秀充溢于充满生气的内心世界中，给人温润平和之感。

沉思罗汉原名罗睺罗，是如来佛祖释迦牟尼的儿子，号称密行第一。“密行”就是在沉思中能知人所不能知，在行动时能行人所不能行。罗睺罗在讲法时曾深刻地阐释过真正的快乐。听闻正法的快乐是法喜，觉悟智慧的快乐是禅悦。眼前这位沉思罗汉微含笑意，闭目静坐的神态表现的正是罗睺罗度脱众生后的法喜与禅悦。

降龙罗汉的“安禅制毒龙”是自度，沉思罗汉的禅坐是度他。接下来是洞彻宇宙与生命真相的持蟾罗汉。

Musing Arhat: Heart beyond the Realms

Third from the east, north side bay

持蟾罗汉

开眼观世界

北次间东起第四尊是持蟾罗汉，是一个长相古怪的老僧形象。

持蟾罗汉膝开脚合，上身右扭，挺拔的腰杆儿如木桩入地，巍巍不动地倚坐于山石之上。给人的第一印象就是骨头又瘦又硬。肋骨、喉结清晰可见，手背筋脉了了分明，颅骨结构凹凸起伏。细眼内挑，二眉拧收，鹰鼻上提，阔口厚唇。盘绕在阔口厚唇周围的皱纹如龙蛇般不折不断，游走于鼻翼、嘴角、两颐与下颏间。整个面部的纹理变形夸张、起伏顿挫，却真实感人。

老僧虽造型古怪，但正是这种出奇大胆、夸张变形的超写实刻画，深刻表达出了“禅悟的境界”。禅宗讲“顿悟”，而触发顿悟的“契机”常常是可遇而不可求的。面前的老僧或许正是获得了一个“豁然开悟”的禅机。

Frog-holding Arhat: Opening Inner Eyes

Fourth from the east, north side bay

踏狮罗汉

抬手救世人

北次间东起第五尊是踏狮罗汉，是一个开示禅机的中年人形象。

踏狮罗汉面庞丰润、体态匀称，内着双层交领长衫，外披田相袈裟，提膝倾身，左足踏狮，左手斜指，右手抚膝，倚坐于束腰须弥座上。从其与持蟾罗汉一呼一应的神态中，我们清晰感受到，引发他们关注的分明就是同一事物。前者悟——冷眼旁观、隐而不发；后者解——直指要害，答疑解惑。

雕塑者通过抚膝抬手、踏狮倾身、重心前移、目随指动等一系列连贯紧凑、和谐一致的动作，成功地将这千钧力道汇集到了指尖，带给观者无比的震撼。

与持蟾罗汉相比，彼以形胜，仪貌绝俗，神色逼人；此以气胜，虽圣相若俗，但气发于指的指点之态，神凝于目的专注之情，却给人内蕴醇厚，温润深沉之感。

Lion-stepping Arhat: Salvaging Sentient Beings

Fifth from the east, north side bay

振铎罗汉

振铎警自心

北次间东起第六尊是振铎罗汉，是一个身着汉服，散坐于山石之上的梵僧形象。

振铎罗汉表情肃穆，浓眉紧拧，一双鹰隼一样圆中见方炯炯有神的眼睛凛凛如电。他左手仰置膝上食指前指，右手轻抬半握金铎做振动状。

振铎罗汉手中的“金铎”俗称摇魂铃，“振铎”是要警醒迷失的灵魂。铃铛放大就是警钟，越是社会精英，越应该时刻警醒自己，避免踏入迷失之境。

Bell-ringing Arhat: Alarming the Self

Sixth from the east, north side bay

知止罗汉

行有所止，止于至善

北次间东起第七尊是知止罗汉，是一个内敛沉静、清瘦骨感的长者形象。

知止罗汉右腿盘起，左腿上跷，坐于大士殿东北角的方形须弥座上。雕塑家对知止罗汉骨相嶙峋的身体纹理做了极为优美、流畅的处理，那错落有致、条理清晰的结构肌理与肌肤褶皱相得益彰，使其具有形式感、节奏感的同时，反衬出老和尚一丝不苟、严谨条理、反观内省的性格特点。

老和尚坐在角落处，坐在转折处眼观鼻、鼻观口、口观心，在专注地凝视，在深刻地反省。雕塑家告诉我们只有懂得适时而止，不断反省自己，有所为有所不为，生命才能真正进入智慧通达的状态。

Composed Arhat: Reaching the Ultimate

Seventh from the east, north side bay

布袋罗汉

圆融无碍

北次间东起第九尊是布袋罗汉。

与我们常见的肥头大耳、大腹便便、笑容灿烂的布袋罗汉不同，这尊罗汉虽也身宽体胖，却没有低矮臃肿之感——身宽而不失比例，体胖而身材匀称；笑意盈盈却不显张扬外露；弯眉细目、内敛含蓄却也诙谐、豁达，充满了智慧而圆融的神采。

“笑”与“胖”是布袋罗汉最显著的特征。“笑”是豁达乐观，“胖”是宽容、圆融无碍。

雕塑者对丰富多彩的生命的感知，给予了面前这尊罗汉生命的张力和人性的光辉。

Calico Bag Arhat: Perfection without Obstruction

Ninth from the east, north side bay

持炉罗汉

通达教义，主持佛法

北次间东起第八尊是持炉罗汉，是一个温润儒雅的中年长者形象。

这位以男相出现的持炉罗汉头戴风巾，身着宽大僧袍，面庞丰润圆满，仪态优雅安详，颇有几分中年贵妇人的气质。这种淡化性别特征以传神达意为主旨的中性化形象，是儒家中庸思想与中华传统文化“中和”式审美对西来佛教造像的成功改造。

持炉罗汉右手持有一件残缺的法器，看样子像是一款带柄的香炉。据记载，长柄香炉，最早见于南北朝时期，又名鹊尾炉或手炉，是佛教中必不可少的六种供具之一。

持炉罗汉与踏狮罗汉，都是温润而儒雅的中年长者形象。踏狮罗汉提出解决问题的方案在前，仪态严肃，表情凝重而恳切。持炉罗汉解决问题在后，此时苦难已经解脱，生命已经解放，所以他微胖的体态雍容闲适、洒脱自在，微含笑意的眼神里闪耀着温和而智慧的光芒。

Stove-holding Arhat: Understanding the doctrines

Eighth from the east, north side bay